AF332026

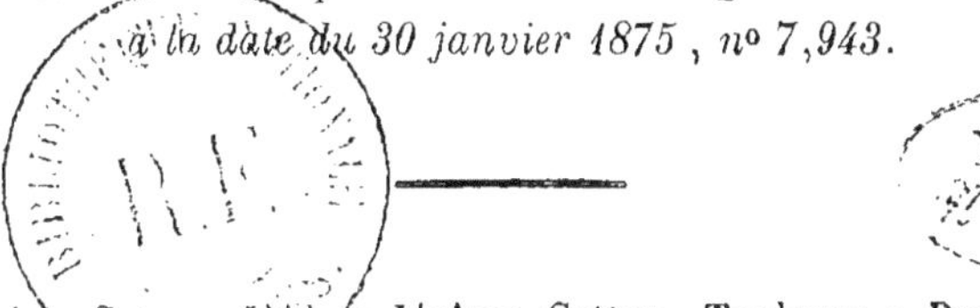

« Paris a Gagne, Lyon a Jérôme Cotton, Toulouse a Boube ; mais rien n'égale Villefranche-de-Lauraguais : Villefranche-de-Lauraguais a Germa !

» Germa (Antoine) est arrivé, — c'est lui-même qui l'affirme, — de germe en germe et de corps en corps, d'un des premiers couples que Dieu créa à la surface de notre planète.

» Germa est l'auteur, l'inventeur et le fondateur du *Germanisme* (Rien de M. de Bismark, par exemple!)

» Le Germanisme « dissipe les obscurités, explique les mystères
» profonds de la nature, pose avec hauteur, profondeur et fermeté, la
» question du mouvement perpétuel des corps matériels et des corps
» spirituels dans l'univers, ainsi que la question de la chute et de la
» réhabilitation humanitaire à la surface de notre planète. »

» Si ce n'était que cela ! mais le Germanisme est encore bien autre chose. C'est un nouveau système de philosophie, d'astronomie, de cosmogonie, d'hygiène, de morale et... de religion. Oui, Germa n'a pas été satisfait des cultes qui existent. Il lui en a fallu un à sa convenance : le culte germaniste. Quand on prend du galon ! !...

» Voulez-vous en savoir davantage ?

» Adressez-vous à Germa lui-même.

» Dans la préface de la brochure où sont condensées ses abracadabrantes inspirations, Germa nous prie d'être indulgents pour elles.

» Honnête Germa ! Mais, sans doute, sans doute ! Pourquoi nous montrerions-nous sévères envers un brave homme qui nous paraît avoir oublié d'allumer sa lanterne ?

» Pour la chronique locale, H. Lebon. »

Extrait d'un autre article porté dans le **Messager de Toulouse,**
à la date du 2 février 1875, n° 7,946.

« Mathieu Boube va conquérir une popularité que Raspail lui-même n'a jamais connue, popularité dont Germa, de Villefranche, serait jaloux, et qui surpassera assurément celle de Jean de Saint-Ybars.

» Pour la chronique locale, H. LEBON. »

Lanterne allumée avec du gaz épuré afin d'éclairer
Lebon-Messager.

> *Lebon* et *Lemauvais* retournant du même point d'où ils ont été lancés dans l'immensité, ils n● se seront point égarés.
>
> A. GERMA.

Histoire sacrée racontée, non pas par Germa, mais bien par notre *Papa, l'éternel créateur, conservateur* et *destructeur* des corps solaires, planétaires, atmosphériques, minéraux, végétaux, animaux, humanitaires, professionnels, artistiques, scientifiques, religieux et politiques, se mouvant dans l'univers sur un point quelconque autour d'un soleil quelconque.

Cette histoire sacrée n'est pas racontée par Germa, je le répète, mais bien par notre *Papa,* celui qui voit tout et qui sait tout, quoiqu'il ne soit pas partout, je veux dire que le *bon Papa* ne se trouve pas dans les têtes de ses filles et de ses garçons *ignorants* et *méchants,* ni dans les têtes de ses *méchantes bêtes,* quoique notre *bon Papa* soit l'éternel créateur de toutes ces têtes.

Lecteurs ? soyez tout yeux et tout oreilles ! lisez et écoutez !... Germa écrit sous la dictée de notre Père Eternel et universel !...

« L'Inde et la Chine ont Brahma et Bouddha, Ur a Abraham, Tanis a Moïse, Nazareth a Jésus, la Mecque a Mahomet, Eisleben a Luther, Noyon a Calvin, Amsterdam a Spinosa, Villefranche-de-Lauraguais a Germa, il est vrai, mais rien n'égale Toulouse : si Toulouse a *Lebon*, l'Enfer a *Lemauvais*.

» *Lebon* et *Lemauvais* existent de toute éternité dans l'universalité et dans chacun des corps sus-mentionnés : éternité est un mot bien appliqué, puisque ni *Lebon* ni *Lemauvais* ne se souviennent nullement d'avoir existé antérieurement à leur présente existence.

» *Lebon* est préférable à mon goût, je laisse *Lemauvais* de côté.

» Il y a des millions d'années de cela, *Lebon* dormait profondément dans la voie lactée qui est mon sein matériel. Là, *Lebon*, en ce temps-là, n'avait ni à obéir, ni à commander, ni à exécuter nul travail, soit physique soit intellectuel, ni à éprouver nul contentement, aucune satisfaction, aucun plaisir, ni à redouter ou à supporter des maux, des maladies, des douleurs, des tracas, des regrets, des soucis et des pleurs, et il n'avait point enfin une vie et une mort à traverser, par suite, *Lebon* était complétement libre et heureux dans ces lieux; mais de toute éternité ayant aimé *Lebon*, mon éternel bon germe matériel germa, par ma toute puissante volonté, et *Lebon* se réveilla.

» Quand la planète qui porte *Lebon* était petit soleil dans la voie lactée, *Lebon* s'y trouvait en germe, comme *Lebon* s'y est trouvé quand je lançai ce petit soleil dans mon immensité, comme *Lebon* y existait lorsque je transformai ce soleil en planète qui porte *Lebon*, comme *Lebon* s'y trouvait quand, à l'aide de mes Germamatériazoïdes, je créai mes filles et mes garçons premiers, d'un couple desquels *Lebon* — (*c'est moi et non mon fils Germa qui l'affirme*) — est, de germe en germe et de corps en corps arrivé, par mon pouvoir et ma volonté, *messager*, et *Lebon*, on ne peut plus content et satisfait d'exister, devrait quotidiennement me remercier du contentement et de la satisfaction que je lui ai procurés (voir le *Germanisme*, page 43 et suivantes).

» Désirant *Lebon* garçon, j'inspirai sa conception après les trois premiers jours de l'apparition du sang mensuel de celle qui, dans son utérus, par ma volonté, a porté *Lebon* embryon et fœtus.

» *Lebon*, en naissant à terme, vivant et viable, était nu de corps et de mon esprit ; il était innocent et vierge comme mes premiers garçons que je créai ; il était sans souvenir, sans pensée, sans parole, sans science, sans art, sans bel art, sans réflexion, sans métier et sans profession (voir le *Germanisme*, page 68 et suivantes).

» Inutile de dire comment son corps matériel était composé, comment il fonctionne et fonctionnait, comment sa naissance a été déclarée, comment et par quel remède le péché originel, pour lui, a été effacé.

» Inutile de parler de son teter, de l'éruption de ses dents de lait, du moment où il a été sevré, de la chute de ses dents de lait, ni de la naissance des dents dont *Lebon* se sert actuellement pour retenir, couper, déchirer et broyer les substances alimentaires seulement.

» Il est tout naturel d'ajouter, au bout vers la droite du trait d'union qui sépare le mot *Lebon*, le mot *bébé*, à raison que *Lebon* est nouveau-né.

» Non uniquement *Lebon-Bébé*, en naissant, ne pouvait de ses tendres yeux distinguer les corps et les objets de diverses petitesses, grandeurs, formes, couleurs, beautés, laideurs, douceurs, aigreurs, stérilités, fécondités, richesses, pauvretés, bontés et méchancetés qui autour de lui se mouvaient, mais encore il ne connaissait point les auteurs de qui il était le fruit, bien moins encore moi-même quoique son éternel père.

» Passons brièvement. *Lebon-Bébé*, se développant progressivement, fut envoyé à l'école où il eut pour enseigneurs mes fils le *Sauvé*, le *Sauveur* et ensuite les descendants de ces derniers, c'est-à-dire les *moïsaïtes* et les *Jésuïstes*.

» Mes filles et mes garçons premiers, étant partis de l'ignorance générale, après déchéance (voir le *Germanisme*, page 71), pour se rendre de germes en germes et de corps en corps, vers l'intelligence totale, il va sans dire que les enseigneurs dont je viens de parler ne pouvaient point surpasser en savoir les enseigneurs derniers, et *Lebon-Bébé* sait, à l'heure qu'il est, alors qu'il n'est plus *Bébé*, qu'étant partis de l'ignorance générale vers l'intelligence totale, les derniers doivent être les premiers, c'est-à-dire les plus éclairés.

» *L'enseigneur* le *Sauvé*, apprenait ce qui suit et c'était bien assez à l'heure qu'il était : « Dieu n'a créé qu'un homme et qu'une femme » au commencement du monde (puis le serpent parlant, la chute et » le reste). Dieu a créé le ciel et la terre en six jours et il s'est » reposé le septième jour. J'ignore ce que sont les traînées lumineu- » ses qui traversent avec rapidité partie de l'immensité soit sur un » point soit sur un autre. Dans tous les cas, Dieu, s'étant reposé le

» septième jour, n'est nullement l'auteur de ces travaux firmamen-
» taux. J'appelle firmament tous les clous d'or qui sont attachés
» bien haut, bien haut, au-dessus de ma tête, à droite, à gauche et
» de tous côtés. J'ai, avec mon épouse Séphora, continué le péché
» premier dont je suis l'inventeur et le fondateur, et Dieu fera de
» nous comme il l'entendra. J'ai trouvé deux tablettes de marbre sur
» lesquelles étaient dix commandements gravés par mes frères mes
» devanciers » (puis le reste de l'enseignement d'alors qui est ren-
» fermé dans l'Ancien Testament qui fut trouvé peu à peu en
» *recherchant le Germanisme qui est le premier et le dernier Testa-*
» *ment*).

» Bon, très-bon, plus que bon enseigneur, suffisant pour *Lebon-*
» *Bébé*.

» *L'enseigneur* le *Sauveur* apprenait ce qui suit et c'était bien assez
» à l'heure qu'il était : « Ce n'est pas moi qui ai créé les clous d'or
» qui sont attachés au-dessus de ma tête, pas plus que la terre ;
» c'est mon Père qui est au ciel qui a créé tout cela. Mon Père a créé
» le monde ; mais moi je ne veux pas créer le monde parce que je
» ne suis pas de ce monde et je veux le quitter pour aller auprès de
» mon Père qui est au ciel et qui se trouve bien au-dessus des clous
» d'or. Je suis trop doux, trop sage et trop saint pour continuer
» d'exercer mon métier ; et sans attendre l'autorisation des gouver-
» neurs de ma nation, je veux le quitter pour aller de porte en porte
» apprendre aux hommes, aux femmes, aux filles et aux garçons de
» tout âge, ma douceur, ma sagesse, ma sainteté, ainsi que la prière
» à Dieu, mon Père, dont je suis l'auteur, l'inventeur et le fondateur.
» *Simon ?* tu ne portes pas un nom assez ronflant, abandonne-le pour
» prendre celui de *Céphas* ou *Pierre* que je te donne, afin que je
» puisse dire : *Céphas, tu es Céphas*, ou *Pierre, tu es Pierre*, et c'est
» sur ce *Céphas* ou sur cette *Pierre* que tu construiras *mon école* de
» douceur, de sagesse, de sainteté et de la pieuse et sainte demande
» à l'adresse de mon Père, dont les portes de l'enfer ne prévaudront
» jamais contre elle. »

» Je félicite *Lebon-Bébé* d'avoir eu le *Sauveur* pour *enseigneur !*...

» En ce temps-là, *l'enseigneur* le *Sauveur* et ses disciples igno-
raient, il est vrai, que, du haut de mon trône, situé outre soleils et
planètes, régions vides de matière, séjour, pour moi, de délices, de
félicités et de libertés éternelles, m'adressant à mes filles et à mes
garçons premiers que je venais de créer, je m'étais exprimé en ces

termes : « Tant que vous *serez valides*, mais que vous ne *serez point*
» ni *aisés*, ni *riches*, je vous *prie*, pour si *doux*, si *sage* et si *saint* que
» *vous soyez*, de ne *jamais abandonner* le *métier*, l'*art*, la *science* ou
» la *profession que chacun de vous* exercerez, pour, sans l'autorisation
» des gouverneurs d'une nation quelconque, aller, de porte en
» porte, demander la charité ou y apprendre une invention, en
» demandant l'arrivée de mon règne, alors que vous le possédez
» par l'observation des commandements et des conseils de beau, de
» vrai et de bien que je viens de proclamer et que je vous *prie* moi-
» même d'observer et de suivre sans gestes et sans signes !... » (voir
» le *Germanisme*, page 71 et suivantes).

» Quoi qu'il en soit, je fus bien mécontent de ceux qui, après avoir
fait souffrir mon fils le *Sauveur*, lui donnèrent la mort. Aujourd'hui,
et d'après ma progressive inspiration, dans la nation française, sont
condamnés à l'emprisonnement mes garçons et mes filles qui ont at-
teint l'âge de discernement et lorsque, étant valides mais non aisés,
ni riches, ni domiciliés, ils n'exercent *habituellement* ni profession,
ni métier autorisés.

» Germa, qui est de *votre monde* quoiqu'il n'*ait pas fait le monde*,
a, sous mon inspiration, transcrit une science ; mais il n'a point
abandonné sa profession, ou son métier, pour aller de porte en
porte l'enseigner, et pour dire aux ignorants : Faites ceci, faites cela ;
ne faites pas ceci, ne faites pas cela, ainsi qu'a agi Jésus sous les
yeux et sans l'autorisation des grands et des puissants d'autrefois.
Mon inspiration de prudence a été observée par Germa ; il a exposé
la science que je lui ai inspirée, au consciencieux examen, *non pas
des bébés*, mais bien des grands, des puissants et des vrais savants
de la France et même d'outre-France, *en les priant d'être indulgents
pour elle*, ainsi qu'il faut toujours agir quand *survient* un *nouvel esprit*,
qui est toujours le même, mais progressif (voir le *Germanisme*, page
129) ; et Germa, sans jamais abandonner sa profession, attend, des
vrais savants, avec calme, sagesse, patience, résignation et soumis-
sion, une décision de réforme ou d'acceptation.

» Enfin le doux, le tendre et le très-saint Jésus quitta le monde
parce qu'il disait n'être pas de ce monde, pour aller dans un autre
monde et revenir ensuite dans mille ans et plus dans le même monde
qu'il disait n'y point appartenir, pour y venir, non point dans l'Eu-
rope, l'Asie, l'Afrique, l'Amérique et l'Océanie, mais seulement dans
une petite vallée, située entre Jérusalem et le mont des Oliviers,

juger les vivants et les morts, et la mort en conte, sur son indication, afin de jouer le tour aux gouverneurs de sa nation, la pauvre pécheresse, sa douce amie, a affirmé l'avoir entendu parler après sa mort réelle, et les pauvres pêcheurs de la Turquie d'Asie, ses dévoués amis, ont affirmé, après secrètes et clandestines exhumations et nouvelle inhumation criminelles, avoir vu son corps s'élever et disparaître à travers l'atmosphère de ma Planète qui a porté *Lebon-Bébé* et qui porte aujourd'hui *Lebon-Messager*, invention qui a été soutenue et affirmée, avec ténacité, outre Turquie d'Asie, parce que nul n'est prophète en son pays, Jésus a dit.

» Je parle en vrai savant, je sais ce qu'a raconté mon fils Renan (voir le *Germanisme*, page 119 et suivantes).

» *Lebon-Bébé*, en sachant suffisamment, sortit de l'école et, peu de temps après être passé par l'apprentissage politique, littéraire et autres progressifs systèmes de savoir, il exerça la *profession* ou le *métier de messager*, et, à partir de ce moment, alors qu'il avait un peu grandi, je devais ne plus l'interpeller *Lebon-Bébé*, mais bien *Lebon-Messager*.

» *Lebon-Messager* avait fait des progrès, il était très-intelligent, vous avez dû vous en apercevoir, et *ses parents abonnés au Messager* en étaient et en sont on ne peut plus satisfaits de le savoir au milieu de ces bienfaits ; oui, ses parents rient : Ah ! ah ! ah ! ah !..., en l'entendant pour la première fois publier : « *Paris a Gagne, Lyon a* » *Jérôme Cotton, Toulouse a Boube ; mais rien n'égale Villefranche-* » *de-Lauraguais : Villefranche-de-Lauraguais a Germa !* » Ses parents rient quand il publie ces mots : « *Abracadabrantes inspirations,* » ce qui s'applique au cabalistique, au Dieu suprême des gnostiques. Ses parents rient quand il publie : « *Honnête Germa ! mais, sans* » *doute ! sans doute ! Pourquoi nous montrerions-nous sévère envers* » *un brave homme qui nous paraît avoir oublié d'allumer sa lan-* » *terne !* » Et ses parents (*plus ou moins*), ignorant même leur science arriérée et n'entendant rien au progrès et au sacré, riraient bien plus fort si *Lebon-Messager*, au lieu de se moquer avec douceur et sagesse ainsi qu'il l'a fait, se laissait aller à publier quelque bêtise ou à proférer quelque sottise envers Germa, l'auteur, l'inventeur et le fondateur, sous mon inspiration, du Germanisme. *Ha ! quand on possède du galon !!... Rira bien qui rira le dernier !...*

» Lorsque mes inspirations suprêmes illuminèrent le front de Germa des plus belles, vives et éclatantes lumières, et firent germer dans le sein de sa tête, siége spirituel, le Germanisme éternel et universel , son cœur progressivement réchauffé par l'ardeur de flammes au gaz épuré, inconnues aux théosophistes , théologiens, philosophes et métaphysiciens anciens , sentit grandir en lui de sublimes aspirations et ses yeux furent comme éblouis par les rayons de la véritable science née de mes inspirations.

» En présence de ma nouvelle science révélée, si sublime, si haute et si profonde, son jeune esprit tressaillit; mais peu à peu il sentit naître en lui les désirs qu'exigeaient mon pouvoir et mon vouloir suprême, de le pousser progressivement vers une mission éternelle et universelle, à la fois céleste-terrestre-humaine-divine-physique-intellectuelle-naturelle-surnaturelle !...

» *Lebon-Messager*, en ce moment, place la main sur son front, ferme les yeux, on le dirait effrayé !... Un mal dans l'intérieur de sa tête se fait ressentir !..., mais son front a besoin de se développer et de grandir !...

» Dégagez votre front, ouvrez vos yeux, relevez votre tête, rompez avec les ténèbres qui vous environnent !... Armez-vous, pour vous éclairer, de mes modernes et brillantes *flammes au gaz* épuré, au lieu et place *des vôtres au suif épais* !... Acceptez donc le culte germaniste que j'ai peu à peu inspiré à partir de l'ignorance générale vers l'intelligence totale, lequel est une source de richesse universelle, de bonheur, bien-être, paix, tranquillité, modération en tout et pour tout, règlement, harmonie, santé et sage liberté !... (Voir le *Germanisme*, page 71 et suivantes).

» *Lebon-Messager*, entendant mon offre, crie : « Aïe ! Aïe ! Assez ! Assez !!... » Vos cris plaintifs sont inutiles , il faut absolument que votre jeune esprit se développe et grandisse , afin que mon règne, que chaque jour vous demandez, arrive !...

» *Lebon-Messager* n'a point compris, tant est jeune son esprit, que le culte germaniste, se trouve au commencement et à la fin du Germanisme, soit dans la pieuse et sainte demande mentale de Germa à mon adresse, soit dans mes commandements et dans mes conseils vers *Lebon-Messager* et vers chaque Européen, Asiatique, Africain , Américain et Océanien (voir le *Germanisme*, page 17 et suivantes, et page 71 et suivantes).

» *Lebon-Messager*, m'entendant encore ainsi parler , crie : « Aïe ! Aïe ! Assez ! Assez !!... »

» *Lebon-Messager*, d'après ses plaintes et ses cris , paraîtrait ne pas se trouver satisfait du *seul culte germaniste* qui, pourtant, existait le premier et avait été, par moi, proclamé immédiatement après le péché perpétré par mes filles et mes garçons premiers, *bien avant* la *naissance* du *Sauvé* et du *Sauveur* dont *Lebon-Messager* a été l'appreneur de ces deux derniers enseigneurs.

» Et pourtant *Lebon-Messager* paraît avoir trouvé le *culte germaniste parfait*, puisqu'il a publié : « *Rien n'égale Villefranche-de-Lauraguais,* » et puis le reste que vous savez.

» *Lebon-Messager*, dans sa publication, entre les mots : *morale et de religion*, a placé quelques points suspensifs qui annoncent : *point de religion.*

» Qu'est-ce donc, si *Lebon-Messager*, avec *exactitude* et *conscience, observe* et suit mes commandements et mes conseils de beau, de vrai et de bien, renfermés dans le Germanisme ?... Par cette obéissance n'est-ce pas le culte le plus parfait ?... (Voir le *Germanisme,* page 71 et suivantes.)

» *Lebon-Messager*, entendant ces derniers mots, crie de nouveau : « Aïe ! Aïe ! le front ! Assez ! Assez !!... »

» Inutile ces cris, vous dis-je, vous n'avez qu'à vous incliner, et si *Lebon-Messager accepte le seul culte germaniste,* il va sans dire, qu'*il va conquérir une popularité que Germa, de Villefranche, n'a jamais connue, popularité dont le Sauvé et le Sauveur seraient l'un et l'autre jaloux, et qui surpassera, assurément, non-seulement celle du Jean de Saint-Ybars, dont se préoccupe Lebon-Messager, mais celle du Jean,* le *saint fils de Zacharie, de la Turquie d'Asie !...*, l'auteur, l'inventeur et le fondateur d'un *remède* propre à *effacer,* sans la moindre difficulté, le *péché premier,* inventé et fondé, *sous mes progressives inspirations,* par le *Sauvé de Tanis,* et par *Germa de Villefranche-de-Lauraguais; mais péché qui n'est qu'allégorique et qui, par suite, ne doit être pris seulement qu'à titre de divin roman* (voir le *Germanisme,* page 71 et suivantes, 129 et suivantes, ainsi que la note existant aux pages 129, 130 et 131). Liberté pour le mariage et pour l'absolue pureté (voir le *Germanisme,* page 104).

» *Lebon*, comme *Lemauvais*, s'éteindront et seront mis, l'un et l'autre, à ma disposition (voir le *Germanisme*, page 109).

» Et quand, ce qui encore est fort loin, l'atmosphère qui entoure votre planète cessera d'exister par l'extinction progressive du feu central et par le dessèchement progressif des eaux des mers, tous les *bons* et tous les *mauvais corps :* atmosphérique, minéral, végétal, animal, humanitaire, professionnel, artistique, scientifique, religieux et politique de votre planète, auront cessé d'être, et tous les corps matériels, y compris celui de *Lebon*, qui alors ne sera plus *Messager*, iront, par ma toute puissante volonté, tout en traversant d'attractifs canaux que vous ne pouvez voir ni toucher, profondément dormir dans la *voie lactée, mon éternel sein matériel,* jusqu'à ce que, de nouveau, et par ma toute puissante volonté, *mon bon* et *mon mauvais* germe germant, viendra les en réveiller pour recommencer les mêmes mouvements qui sont perpétuels (voir le *Germanisme*, page 162).

» Oui, *Lebon* et le *Lemauvais* ont existé, règnent et seront de toute éternité dans l'universalité et dans chacun des corps sus-énoncés !...

» J'ai créé, crée et créerai éternellement des corps matériels à l'aide de mes Germamatériazoïdes, ainsi que des corps spirituels à l'aide de mes Germaspiritazoïdes (voir le *Germanisme*, page 25 et suivantes) (réflexions, anges, âmes, esprits sont synonymes du mot *Germaspiritazoïdes*).

» Le corps matériel est un corps *dénué* d'intelligence et de liberté !

» Le corps spirituel est un corps *doué* d'intelligence et de liberté !

» *Lebon* comme *Lemauvais* (l'homme) est d'une double nature à la fois corps et esprit, ou âme, ou ange, ou réfléchissant, ou pensant.

» Je vous ai créés et je vous détruirai ; je vous recréerai et je vous redétruirai, et cela parce que dans ma vie éternelle et universelle, il faut *Lebon* et *Lemauvais.*

» Malgré cela, je laisse *Lebon* avec la liberté de faire *Lemauvais* ; je laisse *Lemauvais* avec la liberté de faire *Lebon.*

» *Lebon* et *Lemauvais* sont, l'un et l'autre, éternellement destinés à vivre et à mourir à la surface d'une planète quelconque se mouvant autour d'un soleil quelconque dans mon immensité qui vous étonne, vous ravit et vous fait réfléchir !...

» *Lebon* passera dans *Lemauvais* s'il fait *Lemauvais*, à la surface d'une planète quelconque se mouvant autour d'un soleil quelconque !

» *Lemauvais* passera dans *Lebon* s'il fait *Lebon*, à la surface d'une planète quelconque !

» *Lebon* comme *Lemauvais*, par la doctrine germaniste qui est précise et claire, doivent être on ne peut plus satisfaits !

» Néanmoins, quoique j'aie créé *Lebon* et *Lemauvais*, j'aime *Lebon* et j'écarte *Lemauvais.*

» Mon corps spirituel (le Germanisme) a été germe de cette nature dans la tête de Germa, lequel germe, après avoir progressivement germé, est devenu Germanisme, DOCTRINE et TRINITÉ bien *appuyées* sur le *progrès de la science moderne européenne*, dont les *paresseux* dans l'*état* de *validité* et de *pauvreté*, ainsi que les *immodérés* et les *déréglés* dans les *fonctions vitales*, les *mauvais*, les *méchants*, les *criminels*, *délinquants* et *contrevenants*, ne prévaudront jamais contre elles !!...

» Je ne termine pas sans conseiller *Lebon-Messager* à se servir désormais de la *lanterne au gaz épuré* que j'ai *progressivement donnée* à l'*enseigneur Germa*, au lieu et place de *celle* au *suif épais* que j'avais aussi *progressivement donnée* aux *enseigneurs* le *Sauvé* et le *Sauveur*, et je promets de lui donner une image, si toutefois son jeune et petit esprit, se développant et grandissant par le mien, inspiré à l'*enseigneur Germa*, reste toujours sage ! Ainsi soit-il !!...

» *Lebon-Messager*, dès ce récit terminé, lève ses yeux vers l'immensité et il prononce ces mots : « Pitié !... Pardon !... Grâce !... Indulgence !... à mon égard !... enseigneur de vérité?... » Puis il baisse les yeux, courbe sa tête et reste dans le recueillement le plus complet !... Son attitude du quart d'heure est-elle sérieuse, ou bien est-elle le résultat d'une profonde réflexion, *pour*, de nouveau, et d'une façon plus qu'invincible, *mieux* railler l'honnête et brave Germa dont je suis l'enseigneur et son Papa??...

» Pourquoi le rat réveillait-il le chat ?

» Parce que le chat avait réveillé le rat !

» *Honnête Messager ! Mais, sans doute ! sans doute ! Pourquoi me montrerai-je sévère envers un brave messager qui se sert d'une ancienne lanterne au suif épais, au lieu de la moderne, au gaz épuré !...*

» Et si *Lebon-Messager* reste avec la liberté de publier de nouveau que la lanterne du Germanisme né de mes inspirations, lui paraît ne pas être allumée, j'ai, de mon côté, le droit, en qualité de son Eternel Papa, d'affirmer, par anticipation, que *Lebon-Messager* n'est nullement fou, ni insensé parce que son jeune esprit en matière du Germanisme n'est pas égaré et qu'il tend au contraire à saisir peu à peu sa vérité, mais qu'il est encore, pour le moment, *un aveugle-né en l'esprit du Germanisme* trouvé après avoir inspiré progressivement sa découverte à travers testaments anciens et testaments nouveaux, et que, dans cette triste et malheureuse situation (d'aveugle-né) innocente et impermanente, *Lebon-Messager* me fait, quoique excusable, bien, bien pitié !!...

» Chut !... Paix !... Respect envers moi, votre Eternel Papa, et envers le Germanisme que j'ai peu à peu inspiré à Villefranche-de-Lauraguais, corps spirituel que je propose, *non pas au Messager*, qui me paraît ne pas voir clair, mais bien aux grands savants de la France pour commencer, comme candidat au corps de l'humanité!... Ainsi soit-il !... »

FIN DE L'HISTOIRE PROPHÉTIQUE ET SACRÉE QUOIQU'ON AIT DIT QUE NUL N'EST PROPHÈTE EN SON PAYS !

Pour notre Eternel Papa qui, étant corps spirituel, n'ayant ni visage, ni bras, ni jambes, ni mains, ne peut point signer,

GERMA, l'honnête Germa, le brave homme Germa, l'auteur, l'inventeur et le fondateur du Germanisme (*Rien de M. de Bismark, par exemple*, ainsi que *Lebon-Messager* l'a publié).

P.-S. — Notre Eternel Papa connaît M. de Bismark ; Germa ne le connaît pas. Germa a toujours obéi et il obéit ; Germa n'a jamais commandé et il ne commande pas. Germa est satisfait des nombreux cultes qui existent : Germa n'en peut mais si notre Eternel Papa a voulu en choisir un autre à sa convenance reposant sur le germe, source du Germanisme qui est un verbe : notre Eternel Papa germa, a germé, germe, germera, germanisa, a germanisé, germanise et germanisera dans son immensité et à la surface de chaque planète où il y a créé, et où il y créera comme à la surface de notre planète, un corps humanitaire (voir le *Germanisme*, page 30 et suivantes).

Villefranche-de-Lauraguais, le 5 février 1875, l'an 46 de la naissance de l'honnête Germa, du brave homme Germa, dont sa lanterne quoique allumée au gaz brillant avec le plus grand et vif éclat, paraîtra aux tendres yeux des bébés à peine naissant dans le culte germaniste, complétement éteinte, ou avoir été oubliée d'allumer comme l'a publié *Lebon-Messager*.

« Ne nous informons point s'il prend la bonne route ;
» Nous voudrons ignorer s'il espère ou s'il doute ;
 » C'est un malheureux, il suffit ;
» Son plan est vrai, qui sait ? et le notre chimère...
» Et de quel droit alors condamner notre frère,
 » Et le but qu'il poursuit ?...
  » Louis BRAUD. »

Toulouse, imp. A. Chauvin et Fils, rue des Salenques, 25.